WIE DU DEN HEIRATSANTRAG DEINER TRÄUME ERHÄLTST

Originelle Ideen für den Heiratsantrag mit detaillierten Anleitungen.

Von S. L. Giger

Liebe ist nicht das was man erwartet zu bekommen, sondern das was man bereit ist zu geben.
-Katharine Hepburn

Inhalt

Liebe Lady, lieber Gentleman

Herzlichen Glückwunsch! Ihr habt gründlich darüber nachgedacht und ihr kamt zu der Entscheidung, dass ihr heiraten wollt. Wahrscheinlich hat der Gentleman in unserer heutigen Zeit die Erlaubnis der Eltern der Lady vorher nicht eingeholt und die Lady ist auch nicht völlig im Dunkeln über die Gefühle des Gentleman, weil das Paar über ihre Gefühle füreinander gesprochen hatte und ihre Lebenspläne bereits kennen. Also könnte der Mann jetzt denken: Warum in aller Welt, wenn meine Freundin selbst Entscheidungen treffen kann, arbeitet und vielleicht sogar ein größeres Gehalt verdient als ich, sollte ich derjenige sein, der die Fragen aller Fragen stellt? Können wir nicht einfach heiraten und es hinter uns bringen? Oder warum fragt sie mich nicht einfach selbst?

Natürlich sind diese Gedanken berechtigt und es wäre gesellschaftlich akzeptiert, wenn die Lady den Gentleman fragt. Aber auch mit dem brennenden Thema der Emanzipation ist es gut, sich an Traditionen zu halten. Eine Tradition nicht zu verlieren, die einer Lady eine wunderschöne Erinnerung schenken wird, über die sie später noch ihr ganzes Leben gerne erzählen wird. Eine Tradition, die den Gentleman zum Ritter in glänzender Rüstung oder zum Superhelden macht, den er sicher für seine Lady sein möchte.

Die Sehnsucht nach dieser Tradition, dass der Gentleman der Lady den Antrag macht, ist jedoch immer noch sehr aktuell. Oder warum bestände sonst so eine starke Nachfrage nach diesem Buch?

Also, lieber Gentleman, auch wenn du lieber kein großes Theater wegen einer kleinen Frage machen würdest, tue es für die Liebe deines Lebens. Ich hoffe nämlich, dass die Lady, die du heiraten willst, die Liebe deines Lebens ist. Wenn du dann etwas ganz Einfaches tun könntest, das deine Lady ungeheuer glücklich machen und ihr eine langanhaltende Erinnerung an Glückseligkeit geben würde, würdest du es doch sicherlich für sie machen?

Bis jetzt scheint deine Lady für dich wie eine sehr unabhängige Frau zu sein und du siehst den Sinn darin nicht, sie darum zu bitten, dich zu heiraten. Wenn ihr jedoch Kinder haben wollt, wird es eine große

Veränderung für die Lady sein. Sobald sie eine Mutter ist, gibt es kein Zurück mehr. Sie wird nie mehr an erster Stelle sein. Sie wird die Bedürfnisse ihres Kindes immer vor die eigenen stellen. Genau das passiert mit Frauen. Egal, wie viel Emanzipation wir durchgemacht haben, es ist immer noch unser wahrer Instinkt, sich um unsere Familie zu kümmern. Und wie du weißt, wird es nicht immer ein Zucker schleck sein, eine Beziehung zu führen oder eine Familie zu haben. Es wird Schwierigkeiten geben, die es durchzustehen gilt, aber ihr werdet es schaffen, weil ihr euch liebt und euch geschworen habt, euch zu unterstützen. Also, denke voraus und verwende deinen Heiratsantrag als eine Möglichkeit, Danke zu sagen. Danke für die guten Zeiten, die ihr hattet und für die wunderbaren Zeiten, die noch kommen werden. Mache deiner Lady einen Heiratsantrag, der von nun an in jedem Moment ihres Lebens ein Lächeln auf ihr Gesicht bringen wird.

Und, lieber Gentleman, egal wie du die Frage stellst, geh auf dein Knie. Es ist ein wichtiger Teil, der zu der Tradition gehört und ist wie eine Signalfunktion, dass die Lady erkennt, dass das, was passiert, wirklich geschieht.

Jetzt, wo du weißt, warum der Gentleman immer noch der Lady den Heiratsantrag machen muss, findest du detaillierte Anleitungen, um den perfekten Heiratsantrag für eure Beziehung zu planen.

Es ist an der Zeit, den perfekten Heiratsantrag für deine Lady zu finden. Denke bei jedem Vorschlag, den du liest, daran, dass der Antrag für sie ist. Also, überlege dir zuerst, was sie genießen würde und erst an zweiter Stelle, was dir gefallen würde. Denke daran, wenn du ihr ihren Traum verwirklichen kannst, wird ihre Freude die größte Belohnung für dich sein.

Es versteht sich von selbst, dass für den Fall, dass du Leute brauchst, die dich bei dem Antrag unterstützen, diese absolut vertrauenswürdig sein müssen, damit nichts schiefgehen kann und deine Lady es nicht vorher erfährt.

Schließlich, während deines Heiratsantrags, sag immer etwas über das, was du an deiner Lady schätzt und dass du dein Leben mit niemand anderem als ihr verbringen möchtest. Dann bittest du sie, dich zu heiraten.

Ein romantischer Heiratsantrag

Vielleicht sind das nicht die originellsten Heirats-
antragsideen, weil sie schon oft in Filmen oder im
wirklichen Leben verwendet wurden. Aber weißt du,
warum sie oft benutzt werden? Weil sie große Klassiker
sind. Die meisten Frauen lieben romantische Gesten
und werden daher sehr glücklich sein, wenn sie einen
romantischen Heiratsantrag erhalten. Auch wenn
romantische Anträge für diesen Anlass so gut geeignet
sind, werden sie nicht genug angewendet. Heute
entscheiden sich viele Paare einfach zu heiraten und
das war's. Wo ist die Magie, die Liebe normalerweise
mit sich bringt? Verpasse nicht, eine solche
Möglichkeit, die Magie der Liebe nochmals auflodern
zu lassen und mache etwas aus deinem Heiratsantrag.

1. Picknick bei Kerzenschein in der Natur

Sie mag die Natur und wenn sie Kerzen sieht, ist ihr
romantisches Herz gerührt, und ihre Augen funkeln mit
den Flammen um die Wette? Dann wird diese Art von
Heiratsantrag perfekt für sie sein.

Zuerst musst du entscheiden, wo im Freien du die Frage
stellen möchtest. Mag sie den Strand? Dann finde
einen ruhigen Platz an einem Strand oder einem See.

Wenn sie gerne wandert, führe sie auf einen Hügel vor Ort (da man Kerzen nur im Dunkeln sieht, kann das Picknick bei Kerzenschein nicht am helllichten Tag geschehen. Deshalb sollte es keine schwierige Wanderung sein, weil das zu gefährlich werden könnte. Oder bring wenigstens zwei Stirnlampen für die Rückkehr mit).

Kennst du einen tollen Ort im Wald? Einen schönen Wasserfall? Finde einen Ort, der ihr viel bedeutet, oder auch einen Ort, der auch beiden etwas bedeutet.

Lies weiter, um zwei Outdoor-Vorschläge zu finden, die im Detail erläutert sind. Pass dann die Planung des Picknicks an den Ort deiner Wahl an.

Der Strand

Planung:

- Wähle den perfekten, ruhigen und schönen Ort am Strand.
- Wähle eine Nacht mit einer guten Wettervorhersage (wenig Wind).
- Informiere einen oder zwei Freunde, die den Nachmittag mit deiner Lady verbringen werden.
- Kaufe Kerzen (50-100, abhängig davon, wie groß die Fläche ist, die du abdecken möchtest) und die Dinge, die du für das Picknick brauchst: Decke, Tassen, Teller, Besteck, Servietten und die Speisen und Getränke deiner Wahl (zum Beispiel Salat, Sandwiches, einige Oliven oder andere Antipasti und Wein).
- Bring eine Taschenlampe für den Rückweg

Wie sich der Heiratsantrag abspielen sollte

Deine Freunde müssen sicherstellen, dass sich deine Lady am Nachmittag amüsiert.

Während sie beschäftigt ist, hast du Zeit, die Kerzen entlang des Pfades zu deinem Strandplatz und um die Decke herum aufzustellen. In der Dämmerung (15 Minuten vor der vereinbarten Zeit mit deinen Freunden) kannst du die Kerzen anzünden, beginnend am Anfang des Weges, der zur Decke führt. Stelle die Oliven und etwas Wein auf einer Decke bereit.

Deine Freunde werden deine Lady zur verabredeten Zeit an den Anfang des Pfades bringen, der zu deiner geheimen Stelle am Strand führt. Sie sollten alle überrascht sein, die Kerzen zu sehen. Dann sagen sie deiner Lady, dass sie dem Weg alleine folgen soll, da die Freunde etwas im Auto holen müssen oder eine andere Ausrede erfinden, warum sie jetzt nicht mit ihr gehen können.

Du stehst auf der Picknickdecke und wartest auf sie. Du willst sichergehen, dass sie sofort merkt, dass du es bist, denn sie hat dich hier wahrscheinlich nicht erwartet und wird nicht wissen, was vor sich geht.
Du führst sie auf die Decke und sagst ihr, dass du etwas Nettes für sie tun wolltest und daher ein Candle-Light-Dinner im Freien für sie geplant hast.

Dann öffnest du den Essenskorb und du genießt das Abendessen mit ihr. Wenn das Abendessen zu Ende ist, erzählst du ihr, dass du eine weitere Überraschung für sie hast. Du zauberst die Schatulle mit dem Ring hervor und gehst auf dein Knie. Dann sagst du die schönen Worte, die du vorbereitet hast, und fragst, ob sie, dich heiraten wird.

Nachdem sie Ja gesagt hat

Jetzt hast du mehrere Möglichkeiten.

1. Wenn du mit den gleichen Freunden feiern willst, die schon den Nachmittag mit deiner Lady verbracht haben und vielleicht auch mit anderen Freunden, bestellst du diese eine Stunde, nachdem sie deine Lady abgesetzt haben, zurück. Sie können die Kerzen entlang des Pfades einsammeln, sodass ihr keinen Müll zurücklassen werdet. Sie werden euch auch helfen, das Areal um die Decke herum aufzuräumen und die Sachen zurück ins Auto zu tragen. Danach könnt ihr in eine Bar gehen und eure gemeinsame Zukunft feiern.

2. Da ihr euch an einem abgeschiedenen und schönen Ort befindet, möchtest du vielleicht einen romantischen Abend zusammen mit deiner zukünftigen Frau genießen. Denke daran, alle Kerzen einzusammeln, wenn ihr aufbricht. Es wird gar nicht so einfach sein, die nun erloschenen Kerzen im Schein der Taschenlampe zu erkennen.

3. Wenn du die Nacht nur mit deiner Lady genießen willst, aber den Spaß nicht mit dem Aufräumen auf dem Rückweg unterbrechen möchtest, bittest du deine Freunde, ungefähr

zwei Stunden, nachdem sie deine Lady abgesetzt haben, zurückzukommen. Sie werden für euch aufräumen, während ihr einen schönen Abend mit einander verbringen könnt, wo immer ihr wollt. Schließlich ist dies ein einmaliges Erlebnis.

Das Floss

Vorbereitung:

- Wähle ein Floß auf einem See, wo normalerweise nicht so viele Leute sind
- Wähle einen Abend mit einer guten Wettervorhersage
- Setze ein Date mit deiner Lady
- Kaufen die Kerzen (50-100, je nachdem, wie groß die Fläche ist, die du abdecken möchtest) und die Dinge, die du für das Picknick brauchst: Decke, Tassen, Teller, Besteck, Servietten und die Speisen und Getränke deiner Wahl (zum Beispiel Salat, Sandwiches, einige Oliven oder andere Antipasti und Wein). Packe zudem einige Handtücher in den Korb, da es während des Picknicks kalt werden kann, weil ihr nass seid. Des Weiteren benötigst du einen schwimmenden Untersatz, um die Dinge zum Floß zu transportieren.
- Frage ein oder zwei Freunde, die das Floß für dich schmücken
- Bring eine Stirnlampe für den Rückweg

Wie sich der Heiratsantrag abspielen sollte

Vor dem besonderen Tag musst du eventuell einen Rettungsschwimmer oder jemanden, der den See betreut, über deinen speziellen Plan beim Floss informieren. Ich bin mir sicher, dass sie dir deine Idee erlauben werden, wenn am See nicht zu viel los ist und du nachher selbst aufräumst.

Du verbringst den besagten Nachmittag mit deiner Lady, an einem anderen Ort als dem See oder du holst sie kurz vor Sonnenuntergang ab und fährst dann mit ihr zum See.
Deine Freunde haben in der Zwischenzeit die Kerzen auf dem Floß aufgestellt und angezündet. Sie transportierten zudem den Korb mit dem Picknick auf einem schwimmenden Untersatz zum Floss, wo sie es lassen. Sie markierten den Picknickkorb mit einem gut sichtbaren Blatt Papier, auf welchem steht: Einmalige Überraschung für meine Freundin. Bitte lasst uns das Floß heute Abend haben und berührt nichts. Vielen Dank für euer Verständnis, DEIN NAME.

Deine Ankunft muss gut mit deinen Freunden, die die Kerzen aufstellen, abgestimmt werden, damit die Kerzen nicht schon vor eurer Ankunft abbrennen. Sie brauchen jedoch genug Zeit, um an Land zu kommen und zu verschwinden, ohne von deiner Lady bemerkt zu werden. Vielleicht könnten sie sogar in der Nähe bleiben und das Floß im Auge behalten, damit niemand die Überraschung verdirbt.

Sobald du am See ankommst, zeigst du ihr die Kerzen auf dem Floß und schlägst vor, dass ihr es euch ansieht.

Natürlich musst du deine Lady vorher wissen lassen, dass es deine Absicht ist, zusammen schwimmen zu gehen. Ihr beide schwimmt zum Floß und klettert darauf. Dann kannst du mit der Überraschung herausplatzen: "Tadaa, ich habe ein kleines Picknick für dich geplant."
Zuerst wird sie wahrscheinlich nicht glauben, dass du das wirklich geplant hast, aber da steht ja dein Name auf dem Korb mit dem Essen.
Ihr genießt euer Picknick und wenn es zu Ende geht, sagst du deiner Lady, dass du sie etwas fragen willst. Du gehst auf dein Knie und erzählst ihr, was du für sie empfindest. Dann fragst du sie, ob sie dich heiraten wird. (Ich bin mir nicht sicher, ob du einen teuren Ring auf dem Floß lagern solltest, solange du nicht da bist, also schlage ich vor, den Heiratsantrag entweder ohne Ring zu machen oder, wenn der Ring für sie wichtig ist, einen billigen Modeschmuckring zu benutzen und ihr sagen, dass sie später einen besseren Ring erhält. Man kann schon schöne Ringe ab €3 finden. Bevor sie ihn anfasst, wird sie nicht einmal merken, dass es kein echtes Silber oder Gold ist.)
Wenn ihr wieder an Land schwimmt, vergesst nicht alle Kerzen einzusammeln und sie sicher in dem schwimmenden Korb und mit allen anderen Gegenständen an Land zu bringen.
Ihr habt die Wahl, ob ihr nun eure Freunde treffen wollt, um gemeinsam zu feiern oder du lässt sie bereits am Anfang wissen, dass der Abend dir und deiner Lady gehören wird.

2. Das schöne Dinner

Deine Lady mag es, sich hübsch anzuziehen, sich schön zu schminken und ab und zu in ein schickes Restaurant zu gehen? Dann macht sie es dir leicht, denn du kannst diesen klassischen, aber wirkungsvollen Heiratsantrag benutzen.

Planung:

- Reserviere das schicke Restaurant und informiere sie bei der Reservation über deine Absicht.
- Die Bedienung soll sich bereithalten und mit Champagner oder einem Kuchen mit Wunderkerzen erscheinen, nachdem sie ja gesagt hat. (Es kommt darauf an, ob es sich eher um eine Frau handelt, die gerne mit Alkohol feiert oder eine "man kann zu jeder Gelegenheit Kuchen essen" Art von Frau).
- Setze ein Date mit deiner Lady.

Wie sich der Heiratsantrag abspielen sollte

Du bringst deine Lady ins Restaurant und bist während des Abendessens der perfekte Gentleman (was du natürlich immer bist).

Nach dem Hauptgang nimmst du die Hände deiner Lady über dem Tisch und erzählst ihr, welche Gefühle du für sie hast. Dann stehst du auf und gehst auf deine Knie und fragst sie, ob sie dich heiraten wird.

Sie wird ja sagen und falls es keine private Box in einem japanischen Restaurant ist, werden die anderen Gäste wahrscheinlich klatschen. Danach wird der Kellner mit dem Kuchen oder Champagner kommen, um euch zu gratulieren.

Dann genießt ihr euren Nachtisch und nun werdet ihr beide noch glücklicher darüber sein, was für ein schönes Abendessen es ist.

Persönliche Notizen

3. Sag es mit Blumen

Ihre Lady mag Blumen oder Frühling und Sommer oder wenn alles üppig grün ist? Dann könnte dieser Heiratsantrag der richtige für sie sein.

Planung:

- Kaufe oder pflücke so viele Blumen, wie du brauchst, um das ganze Schlafzimmer (oder Wohnzimmer) zu dekorieren.
- Du brauchst Vasen oder hohe Gläser, um die Blumen hineinzustellen
- Kaufe auch ein paar zusätzliche Blumen- oder Rosenblüten, um sie auf den Boden zu streuen und ihr den Weg zum dekorierten Raum zu weisen

- Finde das perfekte Timing. Sie muss aus dem Haus sein, aber du musst wissen, wann sie zurückkommt.
- Kühle den Champagner oder etwas anderes, mit dem du feiern möchtest, im Kühlschrank, sobald die Lady aus dem Haus ist (vorher musst du es irgendwo verstecken)

Wie sich der Heiratsantrag abspielen sollte

An dem Tag, den du ausgewählt hast, bringst du die Blumen zum Haus, wenn du sicher bist, dass deine Lady nicht da ist. Du dekorierst den Raum deiner Wahl mit Vasen gefüllt mit Blumen an so vielen Orten wie möglich. Dann streust du auch einen Weg von Rosenblättern von der Eingangstür zum dekorierten Raum.

In der Mitte des dekorierten Raumes könntest du aus Blumen am Boden ein großes Herz bilden. In diesem Herzen könntest du mit Blumen in deiner Hand warten. Wenn deine Lady hereintritt, lächelst du sie an und erzählst ihr, wie du für sie empfindest. Dann stellst du die große Frage.

Wenn du nicht so viel reden willst, kannst du auch Blütenblätter als Worte benutzen. Du streust: WILLST DU MICH HEIRATEN? in die Mitte des Zimmers oder auf euer Bett? Du kannst dich in einer Ecke des Zimmers verstecken und dich zeigen, sobald sie die Frage verstanden hat. Dann solltest du ihr auch sagen, warum du sie heiraten willst, und sie vielleicht nochmals mündlich fragen, falls sie deine schriftliche Nachricht noch nicht beantwortet hat, weil sie so überrascht ist.

4. Ein Himmel voller Feuerwerke

Die Augen deiner Lady funkeln, als wäre es ihr Geburtstag und Weihnachten zusammen, wenn sie ein Feuerwerk am Himmel sieht? Wenn es ein Festival mit Feuerwerk in deiner Nähe gibt, zieht sie dich an den besten Ort, um die Show am Himmel zu sehen? Dann solltest du ihr vielleicht noch eine Gelegenheit geben, ein Feuerwerk zu genießen. Dieser Heiratsantrag ist der einzige, bei dem die Lady dir länger nicht glauben könnte, dass du dieses Feuerwerk tatsächlich geplant hast. Daher sollten deine Freunde ein paar Fotos machen, wie sie sie anzünden. Später können sie dem glücklich verlobten Paar die Bilder zeigen.

Vorbereitung:

- Organisieren das Feuerwerk

- Finde einen guten Ort, um die Raketen in den Himmel zu schicken (stell sicher, dass du in diesem Gebiet ein Feuerwerk anzünden darfst)

- Finde einen guten Platz, um das Feuerwerk zu sehen

- Engagiere Freunde, die das Feuerwerk aufstellen und dann für dich anzünden, wenn du bereit bist

- Habe etwas bereitgestellt, mit dem du feiern kannst. Entweder versteckst du eine Flasche Champagner mit zwei Gläsern im Auto oder, wenn du irgendwo weit weg vom Auto bist, könntest du auch schon früher an diesen Ort kommen und die Flasche und die Gläser hinter einem Baum oder einem Busch verstecken und hoffen, dass es noch da ist. Dies wird es für deine Lady noch glaubwürdiger machen, dass du das Feuerwerk und diesen ganzen Heiratsantrag geplant hast und dass es nicht nur eine spontane Idee war, nachdem du das Feuerwerk eines anderen gesehen hast.

Wie sich der Heiratsantrag abspielen sollte

Vielleicht möchtest du deine Lady vor dem Feuerwerk zu einem schönen Abendessen einladen. Danach gehst du mit ihr auf einen Spaziergang oder fährst zu dem Ort, von welchem du das Feuerwerk sehen willst. Du sagst ihr, dass du eine Überraschung für sie hast. Du erwähnst, dass es in einigen Minuten da drüben (du zeigst auf die Stelle, wo es sein wird) ein Feuerwerk haben wird und dass es nur für sie ist.

Wenn das Feuerwerk vorbei ist, kannst du ihr sagen, dass du ihr den Himmel schenken willst oder mehr. Dass du alles tun möchtest, um sie glücklich zu machen, denn wenn sie glücklich ist, bist du glücklich. Dann gehst du auf dein Knie und fragst sie, ob sie dich heiraten wird.

Nachdem sie ja gesagt hat

Nun strotzt ihr beide vor guter Energie und das muss mit etwas gefeiert werden. Hole das Getränk aus seinem Versteck und bejubelt eure gemeinsame Zukunft.

Persönliche Notizen

EIN HEIRATSANTRAG, DER EIN HOBBY BEINHALTET

Während fast jede Frau einen romantischen Heiratsantrag liebt, kannst du es noch persönlicher machen, wenn du ein Hobby von ihr mit einbeziehst. Schließlich verbringt sie viel Zeit ihres Lebens mit diesem Hobby. Auch wenn du die Freizeitbeschäftigung Nummer eins sein willst, die sie am meisten liebt, kannst du ihr trotzdem zeigen, dass du sie darin unterstützt, ihre Persönlichkeit zu entfalten. Gibt es einen besseren Weg, als einen geheimen Heiratsantrag zusammen mit Leuten oder Utensilien aus ihrem Hobby zu organisieren?

1. Tanz Flash Mob

Ist sie in einer Tanzgruppe oder einem Tanzclub oder tanzt ihr sogar einen Paartanz zusammen? Großartig, das wird ein Heiratsantrag sein, den auch die Leute in eurer Umgebung genießen werden!

Vorbereitung

- Bring die Tanzgruppe dazu, einen Flash-Mob zu planen, ohne dass sie Wind davon bekommt (es muss nichts Besonderes sein, es kann sogar die gleiche Choreografie sein, die sie bereits kennt).

- Setze mit ihnen ein Datum und eine Uhrzeit fest, wo der Flash-Mob aufgeführt werden soll.
- Entweder verabredest du dich mit deiner Lady in der Nähe des Aufführungsorts oder du engagierst ein paar Freunde von ihr, um sie zum Ort zu bringen, damit sie zuerst von dem Flash-Mob überrascht wird und dann noch überraschter sein wird, wenn du plötzlich auftauchst.

Wie sich der Heiratsantrag abspielen sollte

Du hast beispielsweise den Marktplatz in deiner Stadt als Standort ausgewählt. Beginnen wir nun mit dem Szenario, bei welchem du mit deiner Lady da bist. Vielleicht spaziert ihr "zufällig" über den Platz oder sitzt in einem Straßencafé. Aus heiterem Himmel kündigt eine laute Boom Box den Beginn eines Songs an. Dann beginnt der Flash-Mob mit Tänzern, die sich um euch herumbewegen. Natürlich waren die Tänzer verkleidet oder versteckten sich vorher, sodass die Lady nicht bemerkte, dass sie da waren, bevor das Lied beginnt.

Falls es eine Paar-Tanz-Choreografie ist, kannst du sie dazu auffordern, mit dir zu tanzen.
Wenn du vor dem Flash-Mob nicht mit deiner Lady auf einer Verabredung warst, musst du einfach gegen Ende des Songs ins Bild treten oder wann immer du sie bitten

willst, mit dir zu tanzen. Diejenigen, die mit der Choreografie beginnen, könnten sogar die Freunde sein, die mit deiner Lady unterwegs waren.

Am Ende des Liedes sollten alle Tänzer einen Kreis um euch beide bilden (auch wenn ihr nicht getanzt habt). Wenn die Musik aus ist, erzählst du deiner Lady, dass du diese Überraschung zusammen mit ihren Freunden geplant hast. Du sagst ihr, was du für sie empfindest und dann gehst du auf dein Knie und fragst sie, ob sie dich heiraten wird (alle anderen Ladys im Kreis werden sich einen Freund wie dich wünschen, der so etwas Ähnliches plant.)

Nachdem sie ja gesagt hat

Großartig, jetzt seid ihr schon genug Leute zum Feiern und da ihr sowieso in der Stadt seid, könnt ihr in die nächste Bar gehen. Sobald ihr genug von der Masse habt, kannst du und deine strahlende zukünftige Frau an einen ruhigeren Ort übersiedeln.

Persönliche Notizen

2. Gut orchestriert

Dieser Heiratsantrag ist großartig, wenn deine Lady ein Instrument in einer Big Band oder einem Orchester spielt. Musik transportiert Emotionen sowieso besser als alles andere. Daher ist es das perfekte Medium als Hintergrund, bevor du die große Frage stellst. Ansonsten ist dieser Heiratsantrag ähnlich wie der Tanz Flash-Mob.

Planung

- Lass die Big Band oder das Orchester einen Flash-Mob planen, ohne dass deine Lady davon erfährt
- Wähle eine Zeit und einen Ort, wo die Gruppe erscheinen wird
- Entweder planst du an diesem Abend ein Date mit deiner Lady Ort oder stellst jemand andern an, um sie dorthin zu bringen.

Wie sich der Heiratsantrag abspielen sollte

Deine Lady ist mit ihren Freunden zur verabredeten Zeit am besagten Ort, zum Beispiel am Bahnhof. Plötzlich tauchen Leute aus ihrem Orchester auf und fangen an, ein Lied oder ein Medley von Liedern zu spielen. Als ihre erste Überraschung vorbei ist, trittst du vor sie und sie wird erneut überrascht sein.

Am Ende des Liedes sollte sich das Orchester um euch herum positionieren. Dann erzählst du deiner Lady, was du für sie empfindest und warum du diese Überraschung geplant hast. Dann ist es Zeit, auf dein Knie zu gehen und ihr einen Antrag zu machen.

PERSÖNLICHE NOTIZEN

3. Versteckte T-Shirts

Ist deine Frau in einem Sportverein? Es kann alles sein von Hockey über Yoga, Volleyball oder Gymnastik. Die Hauptsache ist, dass es die Crew deiner Lady ist, mit der sie es liebt, ein paar Mal in der Woche herumzuhängen. Wenn dies der Fall ist, hast du hier deine Option für den Heiratsantrag gefunden.

Planung

- Besorge enganliegende Oberteile für die Leute in ihrem Sportverein. Auf diesen Shirts buchstabierst du entweder die Wörter WILLST DU MICH HEIRATEN? (Vergiss das Fragezeichen nicht) oder du schreibst die vollständigen Wörter auf die T-Shirts (abhängig davon, wie viele Leute im Club sind).
- Du planst das folgende Szenario mit den anderen Clubmitgliedern, ohne dass deine Lady davon erfährt.
- Jemand muss sicherstellen, dass sie an diesem Tag an dem Training teilnehmen wird (wir alle wissen, wie es manchmal ist, dass wir plötzlich keine Lust auf Sport haben. Wir wollen nicht, dass dies an dem Tag geschieht, an welchem du deinen Heiratsantrag geplant hast.)

Wie sich der Heiratsantrag abspielen sollte

Am besagten Abend tragen die Teamkollegen oder Co-Sportfreunde deiner Lady das enge Shirt mit deiner Frage unter ihrem normalen Sportoberteil. Sie müssen dafür sorgen, dass deine Lady keinen Blick von einem Buchstaben erhascht, bevor es Zeit ist. Zur verabredeten Zeit (wahrscheinlich am besten nach dem Aufwärmen) bilden die Leute mit den speziellen Shirts eine Reihe vor deiner Lady und sagen, dass sie eine Überraschung für sie haben. Oder besser gesagt, nicht sie, sondern jemand anderes. Dann betrittst du die Turnhalle. Du sagst, dass du vergessen hast, sie etwas zu fragen, bevor sie zu ihrer Sportstunde ging. Du hättest es besser aufschreiben sollen, damit du es nicht vergessen hättest. Vielleicht könnte dir jemand dabei helfen.
Dann ziehen die Leute ihr normales Oberteil aus und WILLST DU MICH HEIRATEN? sollte in der richtigen Reihenfolge auf den Shirts der Sportmannschaft erscheinen.

Nachdem sie ja gesagt hat

Es wird Applaus und Umarmungen regnen. In diesem Zustand der Hochstimmung, in dem sich deine Frau jetzt befindet, ist es wahrscheinlich nicht sicher, Sport zu treiben. Also stiehlst du sie weg und gehst mit ihr feiern.

Die anderen sollten diese Entscheidung unterstützen, dass der Sport für diesen speziellen Anlass auf einen anderen Tag verschoben werden kann, da die Lady sich ansonsten schlecht fühlen könnte, wenn sie ein wichtiges Training mit ihrem Team verpasst.

4. Film Abspann

Sie liebt es so sehr, Filme so zu schauen, dass sie am Ende sogar den ganzen Abspann schauen will? Manchmal seid ihr im Kino die letzten zwei Leute im Raum, weil alle anderen bereits gegangen sind, aber sie besteht darauf, dazubleiben, bis der Bildschirm schwarz wird? Vielleicht solltest du ihr am Ende des nächsten Films etwas geben, das auf größeres, persönliches Interesse bei dir stößt. Dieser Heiratsantrag erfordert einige technische Kenntnisse. Entweder bist du selbst gut mit Videos schneiden, du fragst einen Freund um Hilfe oder kannst sogar einen Designer für $5 auf Fiverr bezahlen, um den Film für dich zu präparieren.

Vorbereitung

- Anstatt ihr deine Worte mündlich vorzutragen, wirst du deine Gefühle und den Antrag in einem Filmschneidprogramm niederschreiben. Dann fügst du sie direkt nach dem Ende des Films (vor dem eigentlichen Abspann) ein. Du könntest sogar ein paar Bilder oder einen kleinen Film von euch beiden hinzufügen.
- Die Kinos haben leider sehr strenge Regeln, den Film genauso zu zeigen, wie sie ihn vom Verleiher erhalten haben. Daher ist deine Chance, dass du deinen speziellen Abspann

nach einer öffentlichen Vorführung zeigen darfst, sehr gering. Aber Fragen kann nicht schaden und vielleicht könnte man in einem lokalen, alternativen Kino sogar Glück haben.

- Halte den Ring in der Nähe bereit, wenn ihr den Film schaut. Am besten nicht in deiner Hosentasche, falls sie da unten herumfummelt. Denn dann würde sie die Überraschung zu früh erfahren.
- Stelle etwas zu essen oder zu trinken bereit, mit dem ihr feiern könnt, nachdem sie ja gesagt hat.

Wie sich der Heiratsantrag abspielen sollte

Ihr sitzt zusammengekuschelt auf einem Sessel und schauen euch deinen bearbeiteten Film an (entweder von einem Stick auf dem Fernseher, auf dem Laptop oder im Kino.) Am Ende musst du sicherstellen, dass sie auf den Bildschirm fokussiert ist. Um wirklich ihre Aufmerksamkeit zu erhaschen, wäre es eine gute Idee, wenn sie zuerst ein Bild von euch beiden auf der Leinwand sehen würde. Danach wird sie die Worte lesen und du hast Zeit den Verlobungsring hervorzuzaubern (oder Blumen, falls ihr keine Ringe haben wollt). Wenn sie dir ihr Gesicht zuwendet, in welchem die pure Aufregung geschrieben steht, gehst du auf dein Knie und fragst sie noch mündlich, ob sie dich heiraten will.

5. Lass das Haustier den Boten spielen

Deine Lady hat ein Haustier, mit dem man kuscheln kann? Am besten wäre ein Hund oder eine Katze, aber Hamster und andere kleine Tiere in Käfigen gehen auch.

Manchmal bringt der Hund des Paares die Ringe bei ihrer Hochzeit zum Altar. Wir nutzen das Haustier jetzt schon einen Schritt vor der Hochzeit.

Planung

- Du brauchst eine Ringschatulle, die du am Halsband eures Hundes oder eurer Katze befestigen kannst oder die du im Käfig des Hamsters verstecken wirst.
- Neben dem Ring platzierst du auch eine Notiz mit ein oder zwei Sätzen, die ihr sagen, welche Gefühle du für sie hast, plus die Frage: Willst du mich heiraten?
- Stelle etwas bereit, womit ihr nachher feiern könnt.

Wie sich der Heiratsantrag abspielen sollte

Ihr beide seid irgendwo mit der Katze oder dem Hund am Spielen. Irgendwann, während die Lady mit etwas anderem beschäftigt ist (wie zum Beispiel auf die

Toilette zu gehen oder ein Foto von der Umgebung zu machen), befestigst du die Ringbox am Halsband des Haustiers. Dann schickst du das Haustier zu der Lady, die hoffentlich bemerkt, dass etwas am Halsband befestigt ist.

Falls das Tier in einem Käfig lebt, versteckst du die Ringbox mit der Nachricht in im Käfig des Tieres, kurz bevor ihr den Käfig reinigt. Es muss unter etwas versteckt sein, das sie heben und entfernen muss, bevor sie das Stroh entsorgt. Wir wollen nicht, dass der Ring aus Versehen auch im Müllsack landet.
Wenn sie die Ringschatulle findet, handelst du überrascht. Zum Beispiel: "Oh, wie ist das dahin gekommen?". Du drängst sie, es zu öffnen. Du lässt sie den Ring unter die Lupe nehmen und die Nachricht lesen. Für den Fall, dass sie die Realität dieser Nachricht nicht sofort versteht und dich fragend anschaut, erzählst du ihr jetzt noch ein paar weitere Dinge, warum du sie schätzt und warum du den Rest deines Lebens mit ihr verbringen möchtest. Dann fragst du sie erneut, ob sie dich heiraten will. (Wahrscheinlich hat sie jedoch schon lange die Arme um deinen Hals geworfen und ihr beide seid bereits in einem Zustand der Glückseligkeit und die zusätzlichen Worte sind nicht notwendig.

6. Werde Teil eines Schauspiels

Mag deine Lady Theaterstücke oder Musicals? Ist sie selbst Schauspielerin? Dann möchtest du vielleicht die nächste Show unterbrechen, von der sie gerade Teil ist.

Planung

Falls sie im Publikum ist:

- Kontaktiere das Theater und erzähle ihnen von deinem Plan. Der Heiratsantrag sollte entweder zu Beginn des Stücks oder vor der Pause stattfinden (damit die anderen Gäste die Show immer noch so genießen können, wie sie es erwartet haben. Sie sollten nicht länger als fünf Minuten für den gesamten Antrag brauchen.)
- Verabrede dich an jenem Abend mit deiner Lady oder stelle jemand anderes an, das Theaterstück mit ihr zu schauen, um dann aus heiterem Himmel auf der Bühne zu erscheinen.
- Besorge Sitzplätze in der Nähe der Bühne.
- Bereite eine Rede vor, in welcher du ihr deine Liebe erklären wirst.

Falls sie eine der Schauspielerinnen ist:

- Kontaktiere ihre Mitarbeiter und lass sie von deinem Plan erfahren. Dass sie sich absolut stillschweigend darüber verhalten müssen, versteht sich von selbst.

- Es wäre lustig, wenn du gegen Ende des Stücks oder vor der Pause die Rolle eines anderen Schauspielers übernehmen könntest. Deine Lady wird sehr irritiert sein, aber das Publikum wird nicht sofort wissen, was vor sich geht.
- Denke daran, dass sie wieder arbeiten und weiterspielen muss, nachdem sie ja gesagt hat. Sprich daher mit der Theatercrew über einen guten Zeitpunkt für den Heiratsantrag, damit sie ihre Gefühle kurz darauf ein wenig sammeln kann, bevor es weitergeht.
- Bereite eine Rede vor, die du deiner Liebsten vortragen wirst.

Wie sich der Heiratsantrag abspielen sollte

Für die Version Nummer eins:

Wenn du mit ihr im Publikum bist, wird ein Schauspieler verkünden, dass sie heute Abend eine besondere Unterstützung von jemandem im Publikum brauchen. Er wird kommen und dich auf die Bühne bringen. Vielleicht hat er sogar seinen Spaß mit dir, um das Publikum in die Irre zu führen, bevor du deine Rede beginnst.

Falls du dich hinter der Bühne versteckt gehalten hast, während deine Lady mit einer Freundin im Publikum

sitzt, wartest du auf das Stichwort eines Schauspielers. Er könnte auch sagen, dass er heute Nacht besondere Hilfe benötigt und dich dann auf die Bühne winkt oder du könntest kurz die Rolle eines anderen übernehmen und für einen Moment wird nur deine Lady wissen, dass etwas Seltsames vor sich geht.
Ein Scheinwerfer sollte auf deine Lady zeigen, sobald du anfangen hast, sie anzusprechen. Mache den Heiratsantrag oben auf der Bühne und gehe hinunter, um sie zu küssen, nachdem sie ja gesagt hat. Oder lade sie auf die Bühne ein, bevor du ihr die Frage da oben stellst, je nachdem, wie sehr sie es mag, im Rampenlicht zu stehen.

Für die Version Nummer zwei:

Du hast vorher die Rolle studiert, die du in dem Stück übernehmen wirst. Dann kommst du auf die Bühne, wenn es Zeit ist, mit deiner Lady zu interagieren. Für ungefähr eine Minute versuchst du, das Schauspiel aufrechtzuerhalten, dass du ein tatsächlicher Schauspieler bist. Dann hörst du damit auf, entschuldigst dich beim Publikum, dass du die Show unterbrichst, aber es gibt etwas, was du tun musst. Du stellst dich schnell vor und erzählst deiner Lady, was du für sie empfindest. Dann gehst du auf dein Knie und fragst sie, ob sie dich Heiraten will.

Persönliche Notizen

UNERWARTETE ÜBERRASCHUNGEN

In dieser Kategorie findest du Vorschläge für Heiratsanträge, die nicht unbedingt ein Hobby beinhalten und natürlich romantisch sind, aber sie werden die Lady völlig sprachlos lassen, da sie niemals erwartet hätte, dass so etwas passiert.
Viel Spaß beim Sehen der Überraschung in ihren Augen (und auch bei den anderen Zuschauern, falls du Nummer eins oder zwei auswählst).

1. Stehle die Show bei einem Konzert

Mag sie Musik oder besucht sie gerne Konzerte? Ist es okay für sie, wenn sie in einer Menschenmenge im Mittelpunkt steht? Dann kannst du mit diesem Heiratsantrag Geschichte schreiben.

Vorbereitung

- Kontaktiere zwei Wochen bis einen Monat vor dem Konzert eine Band deiner Wahl. Das könnte eine Band deiner Freunde sein oder auch ein großer, internationaler Act (wer weiß, vielleicht hast du Glück und sie sagen ja.)
- Setze ein Date mit deiner Lady, um zu diesem Konzert zu gehen (oder schicke jemand anderes

mit ihr dorthin. Dann wird es eine noch größere
Überraschung sein, wenn du auf der Bühne
erscheinst).
- Halte eine tolle Rede bereit, wenn es Zeit ist, auf
  die Bühne zu gehen.

Wie sich der Heiratsantrag abspielen sollte

Ob es du bist, der mit deiner Lady ans Konzert geht
oder jemand anderes, stell sicher, dass sie in der Nähe
der Bühne steht.

Irgendwann während des Konzerts lädt der Leadsänger
einen besonderen Gast auf die Bühne ein. Das ist dein
Stichwort. Du gehst auf die Bühne, stellst dich kurz vor
und lädst deine Lady dann auch auf die Bühne, da du
sie, für das was du vorhast, brauchst.
Wahrscheinlich haben die Leute im Publikum gemerkt,
was passieren wird und jubeln bereits lautstark.
Fahre mit deiner Rede fort, gehe am Ende auf dein Knie
und bitte sie, dich zu heiraten.

Wenn eure Emotionen aufgrund des vorherigen
Konzerts bereits auf Hochtouren waren, wird das Glück
nun völlig überborden und ihr beide werdet euch
fühlen, als ob ihr den Rest des Abends auf Wolken
schweben werdet.

2. Backe es in einen Kuchen

Welche Frau liebt Kuchen nicht? Mit dieser Methode kannst du einen Cupcake noch süßer machen und eine herzige Botschaft hineinbacken.

Vorbereitung

- Setze ein Date mit deiner Lady.
- Schreibe „Willst du mich heiraten?" auf einen kleinen Papierzettel und wickle diesen in Aluminiumfolie ein.
- Füge eine Cupcake-Mischung zusammen und platziere die Notiz im Teig von einem der Cupcakes oder Muffins, bevor du sie in den Ofen gibst. Achte darauf, diesen Cupcake / Muffin mit einem Zahnstocher oder einem andersfarbigen Papier zu markieren.
- Du kannst den Cupcake / Muffin nach dem Backen weiter dekorieren. Besonders, wenn die Notiz irgendwo sichtbar ist. Stell sicher, dass du immer weißt, welcher der spezielle Cupcake ist.

Wie sich der Heiratsantrag abspielen sollte

Ihr könnt eure Cupcakes gemütlich zu Hause genießen oder du kannst sie auf eine Wanderung, auf eine Paddelbootfahrt oder wo immer du möchtest, mitnehmen.

Wenn sie das Aluminiumpäckchen findet, drängst du sie, es zu öffnen. Sobald sie die Worte gelesen hat, hältst du eine kleine Rede, die du vorbereitet hast, wie du für sie empfindest. Dann gehst du auf dein Knie und fragst sie erneut, ob sie dich heiraten will.

PERSÖNLICHE NOTIZEN

____

____

____

____

____

____

____

____

____

____

____

____

____

____

____

____

3. Schmelz es ins Eis

Liebt deine Lady Eiscreme? Ähnlich wie beim Heiratsantrag mit dem Kuchen wird deine Lady bei diesem Antrag eine weitere süße Überraschung erleben. Mit dem Eis bist du jedoch etwas mehr an einen Ort mit einem Gefrierfach (zum Beispiel euer Wohnzimmer) gebunden.

Vorbereitung

- Kaufe eine Schachtel des Lieblingseises deiner Lady.
- Wickle einen Papierzettel mit den Worten „Willst du mich heiraten?" in Aluminiumfolie.
- Drücke das Papier, wenn das Eis halb weich ist, in das Eis, und verdecke den Weg der Gabel oder des Löffels wieder, indem du die Oberfläche glattstreichst.
- Stelle das Eis wieder in den Gefrierschrank.
- Schau, dass deine Lady das Eis nicht isst, wenn du nicht da bist.

Wie sich der Heiratsantrag abspielen sollte

Nach einem schönen Abendessen zu Hause, während eines schönen Sommernachmittags oder während eines bequemen Filmabends holst du das Eis aus dem Gefrierschrank heraus. Esst es mit zwei Löffeln direkt aus der Box. Lass sie mehr essen und sieh zu, dass sie diejenige ist, die die Aluminiumfolie entdeckt. Wenn sie es entdeckt, kannst du den aufgeregten spielen und sagen, dass es vielleicht ein Wettbewerb ist und ihr etwas gewonnen habt. Fordere sie auf, es auszupacken.

Nachdem sie die Worte gelesen hat, kannst du sagen, dass du hoffst, dass sie nicht enttäuscht ist, dass sie keinen Wettbewerb gewonnen hat. Du erzählst ihr, was du für sie empfindest und fragst sie nun noch mündlich, ob sie dich heiraten wird.

PERSÖNLICHE NOTIZEN

---

4. Verstecke es im Popcorn

Wenn deine Lady eine entspannte Person ist, die nicht auf sich aufmerksam machen möchte, und wenn ihr beide gerne vor dem Fernseher sitzt und Popcorn esst, kannst du dich für diesen Heiratsantrag entscheiden.

Planung

- Verstecke die kleine Schatulle mit dem Ring irgendwo zu Hause.
- Mach eine große Schüssel voll mit Popcorn und verstecke die Box mit dem Ring darin (es ist ein bisschen gefährlich, den Ring ohne die Schatulle hineinzulegen, wegen des Verschlucken. Leg daher besser die ganze Schachtel hinein, auch wenn sie diese schnell finden wird.)
- Stelle etwas bereit, mit dem ihr feiern könnt, nachdem sie ja gesagt hat (zum Beispiel einen guten Wein oder Champagner).

Wie sich der Heiratsantrag abspielen sollte

Während ihr vor dem Fernseher sitzt und geistesabwesend nach dem Popcorn greift, wird sie plötzlich spüren, dass es etwas Ungewöhnliches in der Schüssel hat. Schnell wird ihr klar werden, was diese kleine Box bedeutet. Nachdem sie sie geöffnet hat und den Ring entdeckt, erzählst du ihr, was du für sie empfindest. Dann gehst du auf dein Knie und fragst sie, ob sie dich heiraten wird.

PERSÖNLICHE NOTIZEN

---

5. Lass sie das Rätsel lösen

Mag sie Geheimnisse? Ist sie begeistert von Schnitzeljagden, Geocaching oder Escape Rooms? In diesem Fall kannst du ein sehr persönliches Rätsel für sie planen.

Vorbereitung

- Plane eine Schnitzeljagd mit mehreren Hinweisen, die sie finden und Rätseln, die sie lösen muss, bis sie einen Ort erreicht, an dem du dich versteckst. Du kannst diese Schnitzeljagd mit einem Freund planen, falls du nicht selbst kreativ sein möchtest.
- Trommle ein paar Freunde zusammen, die mit deiner Lady auf die Schnitzeljagd gehen, während du leider verhindert bist, zu kommen, weil du wegen deiner Arbeit, des Geburtstages eines Freundes usw. nicht in der Stadt bist. Es wäre sogar eine größere Überraschung, wenn sie denkt, dass du für das Wochenende ins Ausland gereist bist.
- Die Freunde können vorgeben, dass sie diese Schnitzeljagd im Internet gefunden haben und sie ausprobieren wollen oder dass sie etwas für den Geburtstag eines anderen Freundes planen und es ausprobieren müssen, bevor dieser es tun kann.

- Wenn du diesen Aufwand nicht auf dich nehmen willst, kannst du auch einen Escape Room mit mehreren Räumen buchen. Deine Lady wird von Freunden zum Escape Room begleitet (weil sie wiederum denkt, dass du außer Landes bist) und du wirst im letzten Raum warten. Die Freunde und die verantwortliche Person müssen nur dafür sorgen, dass die Gruppe es auch bis zum letzten Raum schafft.

Wie sich der Heiratsantrag abspielen sollte

Während deine Lady mit den Freunden auf Schnitzeljagd ist, kann dich ein Gruppenmitglied mit kurzen Nachrichten über den Fortschritt auf dem Laufenden halten. Die Gruppe sollte sicherstellen, dass die Lady diejenige ist, die das letzte Rätsel löst und dann dein Versteck findet. Sie wird sehr überrascht sein, dich zu sehen, da du ja nicht einmal in diesem Land sein solltest. Du sagst ihr, was du für sie empfindest. Dann gehst du auf dein Knie und fragst sie, ob sie dich heiraten will.

6. Überraschung über die Lautsprecher (Zug oder Flugzeug)

Fährt deine Lady manchmal mit dem Zug oder Flugzeug? Wenn sie gerne öffentlich im Mittelpunkt steht, kannst du sie mit diesem Heiratsantrag überraschen.

Planung

- Finde heraus, welchen Zug oder welches Flugzeug sie an einem bestimmten Tag genau nehmen wird.
- Kontaktiere den Zugdienst oder die Fluggesellschaft und frag, ob du deiner Freundin über die Lautsprecher einen Heiratsantrag machen kannst. Im Flugzeug wird es aufgrund von Sicherheitsbestim-mungen viel schwieriger. Wahrscheinlich musst du dir ein Ticket kaufen und auch mitfliegen und da du nicht möchtest, dass sie dich im Warte- oder Boarding-Bereich sieht, musst du mit der Crew einen anderen Weg finden. Aber es ist nicht unmöglich.
- Wenn du den Heiratsantrag im Zug machen willst, lass einen Freund deine Lady im Auge behalten, damit du weißt, in welchem Wagen sie sitzt.

- Bereite eine Rede vor, die du über die Lautsprecher vortragen wirst.

Wie sich der Heiratsantrag abspielen sollte

Im Zug:

Der Freund, der deine Lady im Auge behält oder sie auf der Reise begleitet, hält dich über das Telefon auf dem Laufenden, wo sie gerade sind.

Wenn der Zug losfährt, wirst du deine Rede beginnen, indem Sie um die Aufmerksamkeit von VOR- und NACHNAME deiner Lady bittest. Der Freund kann helfen, dass sie zuhört, falls sie ihre Kopfhörer anhat und die Ansage nicht mitbekommt. Dann teilst du ihr deine Gefühle für sie mit. Es wäre am besten, wenn du am Ende ihres Wagens stehst oder in einem Abteil in der Nähe von ihr. Am Ende der Rede sagst du, dass du sie jetzt den Hauptzweck dieser Rede persönlich fragen wirst. Du gehst zu deiner Lady und wenn du vor ihr stehst, gehst du auf dein Knie und bittest sie, dich zu heiraten.

Im Flugzeug:

Hier ist es wahrscheinlich am besten, den Antrag zu machen, während ihr noch an das Abflugsgate angedockt seid, sobald alle an Bord sind. Du kannst ihren Namen über den Lautsprecher der Flugbegleiter aufrufen, ohne dich ihr zu zeigen. Du sagst, dass etwas mit ihrem Sitz nicht stimmt, da sie neben der falschen Person sitzt. Inzwischen hat sie deine Stimme vielleicht erkannt, aber sie wird zu verwirrt sein, um zu verstehen, was vor sich geht. Deshalb trittst du irgendwo hin, wo sie dich sehen kann (falls es hinter ihr ist, musst du ihr sagen, dass sie sich umdrehen soll). Danach erzählst du ihr, was du für sie empfindest und fragst sie, ob sie dich heiraten wird.

Das Beste wäre dann, wenn die Airline euch ein kostenloses Upgrade geben würde und ihr den Flug in der Business-Class feiern könntet. Oder vielleicht fliegst du nicht einmal mit ihr mit und musst das Flugzeug wieder verlassen (es ist jedoch ziemlich hart, nach einer solchen lebensverändernden Entscheidung getrennt zu werden und deshalb solltest du auf jeden Fall ein Ticket kaufen und mit ihr mitfliegen.)

PERSÖNLICHE NOTIZEN

Nun, da du all diese Vorschläge für einen tollen Heiratsantrag gelesen hast, hoffe ich, dass du bereit bist, den nächsten Schritt in deinem Leben zu machen. Du wirst zweifellos nervös sein, wenn es Zeit ist, diese Frage, bestehend aus vier Worten, auszusprechen. Aber nun hast du glücklicherweise klare Vorbereitungsrichtlinien für jeden Heiratsantrag und wirst nichts vergessen. Die einzige andere Sache, die ich dir empfehle, ist mit deinen Freunden über deinen Plan zu sprechen. Es ist ein spannender Schritt. Teile es mit ihnen, um ihre moralische Unterstützung zu erhalten und auch, damit du ihnen als Vorbild dienen kannst. Vielleicht denken sie danach auch darüber nach, eine Überraschung für ihre Freundin zu planen.

Zweitens könntest du dir einige YouTube-Heiratsantragsvideos ansehen, um zu sehen, welch tiefe Emotionen du mit deinem Heiratsantrag erzeugen wirst. Nicht viele Männer können behaupten, dass sie während ihres Lebens andere Menschen so tief bewegt haben. Außerdem wirst du sehen, dass es online einige Anträge gibt, wo die Frau nein sagte. Wenn du dieses Buch von deiner Lady oder einer Freundin deiner Lady erhalten hast, kannst du dir sicher sein, dass es ihr größter Wunsch ist, dich zu heiraten. Aber falls der Antrag die ganze Zeit deine Idee war, hoffe ich, dass du in letzter Zeit deine Lady einmal gefragt hast, was ihre

Antwort sein würde, falls du sie bitten würdest, sie zu heiraten und wie sie ihre Zukunft mit dir sieht.

Heiraten ist ein großer Schritt und natürlich unterstütze ich besonderen Heiratsanträge total. Ich wünsche euch ein treues, glückliches und unterstützendes Leben zusammen. Deine Lady denkt jedoch vielleicht nicht so wie ich. Frag sie einfach in einer normalen Unterhaltung über ihre Lebenspläne, bevor du anfängst, irgendwelche großen Pop Bands zu kontaktieren, um ihre Show zu unterbrechen. Und dann, wenn du weißt, dass ihre Antwort ja sein wird; viel Spaß beim Planen dieser Überraschung. Sie wird es lieben und deshalb solltest du jede Sekunde dieses ganzen Prozesses genießen. Angefangen beim heimlichen Planen, um dann die Überraschung in ihrem Gesicht zu sehen und zu guter Letzt ein sehr glückliches JA als Antwort zu bekommen.

Brauchst du noch mehr Informationen?

Falls du noch weitere Informationen brauchst, helfe ich dir gerne soweit es möglich ist. Du kannst mich folgenderweise kontaktieren oder mir auf jenen Kanälen folgen.

(b) www.swissmissontour.com
(i) @swissmissontour
(f) SwissMissOnTour
(w) www.slgigerbooks.wordpress.com
(@) swissmissstories@gmail.com

Wie findest du dieses Buch

Falls dieses Buch hilfreich für dich war, würde es mir viel bedeuten, wenn du eine kurze, positive Rezension auf Amazon oder Goodreads hinterlassen würdest.

Weitere Bücher von S. L. Giger

Erhalte eine gratis Packliste

Vergesse nie wieder etwas Wichtiges und
verschwende keine Zeit mit Packen. Lese lieber noch
mehr gute Tipps über deine Destination! Sende eine E-
Mail mit dem Betreff: Packliste, um eine gratis
Packliste zu erhalten. Zusätzlich bekommst du noch
die Highlights aus meinem Thailand Reiseführer.

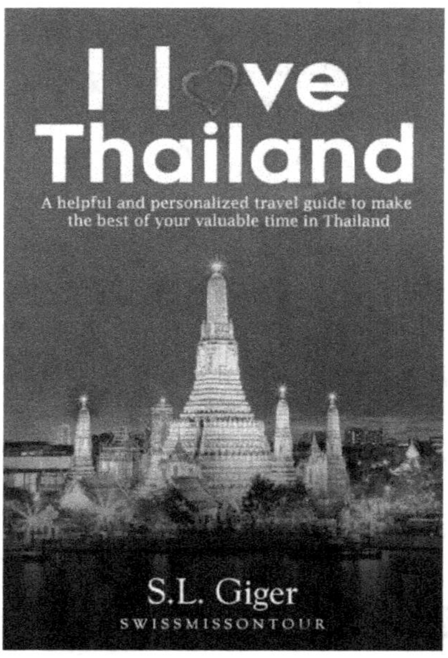

Schicke die E-Mail an:
swissmissstories@gmail.com
und du erhältst dein Geschenk